I0425987

www.ingramcontent.com/pod-product-compliance
Lightning Source LLC
Chambersburg PA
CBHW070848290526
45795CB00001B/31
* 9 7 8 1 4 9 2 1 1 8 2 9 9 *